Essa não é sua mão
Mateus Borges

cacha
lote

Essa não é sua mão
Mateus Borges

I. ANIMAIS NO ESCURO

DERAM TEU NOME POR UMA MONTANHA	11
DUZENTOS DIAS	12
O TOURO, DE NOVO	13
NUVENS DE BORRACHA	14
PASSEIOS DE COMEMORAÇÃO	15
CASAL CANADENSE	16
UM ÍNDICE NA BOCA	17
TRÊS RITOS	18
SOLTE A MINHA MÃO AGORA	19
PERTO DA PORTA	20
DOZE DIAS SEM PAUSAS	21
TRANSMISSÃO NOTURNA	22
PARA JEANNE LEE	24
MILAGRES SUSPENSOS	25
CLAQUES PARA SEMPRE	26
NESTA CIDADE NÃO VEDAMOS AS JANELAS	28
PRONTOS, PRONTOS, PRONTOS	29
MANSIDÃO	30
PORTO VELHO	31

II. AQUELA PARTE EM DREAM BABY DREAM

DENISE FRAGA	35
NINO	36
MISTER JONES	37
ESTAÇÃO PRIMEIRA	38
HIROSHI YOSHIMURA	39
CAI, CAI, BALÃO	40
MINAS NÃO TEM MAR	41
MADEIRA MORTA	42
ATO DE DESAPARIÇÃO	43
CONTÊINER LARANJA	44
DANÇA, DANÇA	45
ABRA UM BURACO NO CHÃO	46
UM PEQUENO HOMEM DE PRATA	47
DE LUGAR NENHUM A LUGAR NENHUM	48
MARCHA AO REVERSO	49

III. ALGO DO SEU SELVAGEM

QUESTÃO FUNDIÁRIA	53
UMA BRITA PARA O PARAÍSO	54
ROSTO SEM ROSTO	55
APOSTA	56
A SEGUNDA PARTE DO DIA	57
TROMPETES NA ABERTURA DOS JOGOS OLÍMPICOS DE SYDNEY	58
MITO DE ORIGEM	59
CLARO	60
DERAM TEU NOME POR UMA MONTANHA (II)	61
CANÇÃO DE NINAR	62
BELZEBU	63
ALGO DO SEU SELVAGEM	64
MOSHI MOSHI	65

I. ANIMAIS NO ESCURO

DERAM TEU NOME POR UMA MONTANHA

as cascas das árvores à noite
são indiscerníveis do meu olhar
que é indiscernível do som
que um pai faz em seu último ato de
desaparição — e que, ao fim, não se
desassemelha do último inseto
a se mover entre a luz e a chama.

no centro do meu coração há um matadouro de vidro
não aquele dos animais indefesos, não aquele da
rebordosa contra o preço do leite, e muito menos
o do livro enterrado a sete palmos no terreno
da vida de todos os nossos sonhos
quando urrávamos
pelo mato seco, como bebês.

numa cidade do interior da bahia, na brenha,
alguém em algum lugar ainda leva notícias de como o
avião pousou sem se quebrar contra o céu
pleno e indefeso —

alguém em algum lugar, antes de dormir,
se maravilha com o fato de que
nenhuma garrafa antártica comemorativa da copa do méxico
sequer se trincou diante do impacto ao solo,
do mais violento impacto:
o secundário —

aquele que se alastrou pela cordilheira
até os viveiros abandonados
e mudou a nossa leitura dos clássicos.

O TOURO, DE NOVO

os meus pés parados num jardim
com a respiração de uma criatura larga
ressoando pela grama úmida pelo cheiro do orvalho pela
pedra arrasada na quina do arbóreo
com a vista para o átrio da infância.

minha mãe nunca chamou meu nome
minha vó nunca chamou meu nome
meu pai, esse, nunca chamou meu nome
minha primeira namorada nunca chamou meu nome
mas outros nomes escapam à curva
e assim é para sempre —

quando traduzi o touro
meu deus era a estática
o toque gentil era apenas o tempo
de uma crença. e os meus olhos
se inclinavam à linguagem
como uma terra muito distante se inclina
a um coração alto.

reflexos noturnos da sua prudência
um cavalo solto pelo campo armado
sob a luz dos televisores

cabeças curvadas num silo
fomos decisivos há muito tempo
hoje, flutuamos

juntar este objeto, ao qual se desliza,
com esse aqui — brutal e úmido —
apenas para dançar a curva.

tácteis, nada nos prende
sujos, nada nos cansa,
e essas palavras, tão despropositadas?

se fossem, Ivana, outras as asas
para o paraíso — ou hoje este contíguo
sob o qual mundo nenhum
                    se arranha

PASSEIOS DE COMEMORAÇÃO

dormir é uma forma de suicídio
a litania é uma forma de suicídio

alan vega era uma figura nocivamente noturna
zanzando entre os parques elétricos

buscar, retornar, achar no insone
o caminho de partida
frestas vêm ao sono — isto é comum,
e a minha boca vem ao encontro da tua
isto, também —

CASAL CANADENSE

alguns temas de grande importância
somem no descampado quando
todos estão dormindo —

cortázar em suas instruções
chamava um relâmpago
para dissecar leões
(ou era o esquecimento?)

não sejamos assim
tão ousados

o tempo ainda passa
no chão da cozinha

os amigos ainda ligam
nos aniversários

as mãos ainda
cabem em coisa alguma.

UM ÍNDICE NA BOCA

brilham luminosos os itens
pedras chamuscam a face
como nos rituais abertos
somos fáceis demais
no espanto e na dor

quero imitar a caçada
mas a história não conta os dentes

é perigoso lá fora
mas posso adormecer a qualquer instante

a ruína da noite parece a noite
mas a noite escapa

e quando os alarmes reordenarem tudo
as capas de chuva, as pontas das facas,
os cortes transversais no espelho,
eu saberei a memória
sem exceções.

TRÊS RITOS

penso na noite em que não nasci
os dedos segurando nada
as camareiras de cama nenhuma num hospital
nunca escolhido pelo trânsito de salvador
os filhos dos cantores ao meu lado
nas bacias de vidro da UTI
ainda incólumes
ou perfeitos
ou vazios.

na balsa, esse outro corpo desliza
enquanto uns gravetos queimando marcam
a beira a borda a embocadura o berço
o b opaco do meu nome
ou do dia do meu nome
ou de um amanhã
pulverizado.

quando perguntam o meu local de residência
o militar da casa ao lado se ergue
do seu sono de mil anos. ou então a mãe que
rachou a testa da filha contra
os santinhos de cristal, por uma saia. ou
a loira do cachorro espanhol — ele, também,
chamado Mateus.

SOLTE A MINHA MÃO AGORA

entre os córregos
por detrás da velha casa
você me ensinou a respirar
quando ainda não tínhamos olhos —

agora as nossas mães
ainda nos procuram todos os dias
com os dedos no nariz

pairam, acima delas,
uns bichos acesos
pela ronda lagunar

os nossos vinte segundos
diante da superfície
imóveis, ou em pouso.

eis a natureza obscena do mundo,
e do mundo depois do mundo

(amor, será que ainda teremos tempo
para ver os cavalos correrem?)

PERTO DA PORTA

o último ato
não chegou às pernas
os prêmios não foram
conferidos
      a quem tinha mais
sede

para o pecado um
esquecimento total

e a pele doce
chama a toda hora
o meu íngreme
o meu moderno
aperto

na imensidão
cada momento sopesa
o medo de um   mover-se
mas logo passa
e rápidas são as dádivas
— aquilo que acontece
      na voltagem do céu.

DOZE DIAS SEM PAUSAS

agora que os sonhadores foram embora
podemos crer por um momento

alguém tentou colocar uma bomba atômica
no centro da sala

como você contém
os rumores à noite?

existe uma solução engraçada
— colocar uma palavra contra a luz,
e observar se ela retorna

mas à janela ainda se reúnem
os olhinhos das crianças

alguém, num
pedaço de terra,

falou de um objeto
mais do que luminoso.

TRANSMISSÃO NOTURNA

o aviso
na forma de duas armas cruzadas
num castiçal

dois buracos abertos
no reboco da sala

escrever uns romances
medianos, colocar as crianças
para dormir

pairar ileso
sorrir sem fome
calar os lados

— as suas piadas são muito ruins
— sorte a sua se ainda
            soubermos cair

este é um controle que existe
o cavalo na televisão corta
o símbolo da emissora

parado, no sofá,
em meu colo,
você me pergunta

qual é o nome dele
que filme é esse
por que ainda está no ar

PARA JEANNE LEE

a escavação de uma árvore
no seu sonho esquecido

quando eu tiver um novo corpo
ele poderá ser assim?

todas as cortinas estão fechadas
e os sinais, desenhados no chão

queria dormir faz tanto tempo
que inventei de novo a eletricidade.

MILAGRES SUSPENSOS

o seu corpo não afunda quando colocado sobre as águas
uma palavra está cravada à terceira margem como um aviso
mas ignoramos as noites calmas que merecemos
para observar os reflexos das aves gordas
munindo o lago de moedas de luz.

listas:

"downtown lights", do paul buchanan
como se Nilo azul não fosse
o nome mais bonito de banda após
             the clash;

as cenas do bandido da luz vermelha
quando conseguimos dormir
já sabendo — e as espaçonaves rondavam
a nossa portenta;
marina lima no decay
mais longo da história
imóvel e rígida
como um cavalo;

a cerca do paraíso num sobrevoo;

os cristais tintilando
enquanto gal costa se volta
à noite vazia;

os poemas de André nos quais os deuses faziam
do reflexo restrito das bombas
um camafeu;

e ariano suassuna
nas "blinding lights" que odiaria.

NESTA CIDADE NÃO VEDAMOS AS JANELAS

todas as terras são inabitáveis —
o contorno do céu se move
pelo fósforo branco
e a eletricidade
morre aqui:
entre as malhas das árvores,
como dois deuses,
duas crianças.

PRONTOS, PRONTOS, PRONTOS

o trajeto da queda acompanha
nossas promessas

descer até o lago — olhar,
compartilhar a criação
do que nos repõe

lembro de termos medo
dos besouros de pinheiro
nos fundos da casa
jantando com seus amigos
perto do corpo d'água

sobe à memória
este espaço entre os nossos dentes
— e quantas pessoas se confundem
nessa terra macia.

MANSIDÃO

como se pudéssemos desenhar um círculo no chão
e dormir dentro do círculo — ao lado do bode de duas cabeças
daquele conto indiano: um milagre que se contorce
no espesso de uma estrela, tal objeto
explícito —

como se pudéssemos acordar
domados pelas visões de um mundo devassado
a farinha em mãos: aos deuses,
da casa de moenda
do inacabado —

como se pudéssemos devorar libações
além do corpo, num poço inútil,
sem pecados,
e sozinhos.

na tenda já é manhã
mas todos se lembram
da sede antes da sede.

PORTO VELHO

não pude aguentar as visões vívidas
enquanto caminhava pela beira da estrada.
pus o pistão contra a boca. a gasolina.
observei os preás na poeira.
cortei as linhas de transmissão
com os meus próprios punhos.
em "moon over goldsboro", o terceiro lugar da mesa
é um lugar para deus. mas e a covardia,
e os meus assombros? e as meditações
para uma emergência. ou a comoção
dos pássaros.

com a cabeça
rente ao teu peito
inventei um andar de cima.

II. AQUELA PARTE EM DREAM BABY DREAM

DENISE FRAGA

para Ana Thereza

deixar frutas na sua porta, à noite,
enquanto os carros dormem
e perguntar em que ano estamos
como se estivesse mudando de conversa.

é calmo, aqui, onde a sua família escolheu
para o inverno dos gatos — me pergunto se seríamos
iguais em outra vida — ou se ainda mais diferentes
e fundos.

como eles elegeram as ondas? os raios das
novas novelas. e os hospitais, como são?
após umas duas semanas esse medo se esvazia,
e retornamos ao oblíquo, descalços.

há uma esperança no sono, algo de
se fazer luzir onde antes não se pensara
há também uma prece minha para que isso te visite,
hoje e insistentemente.

o gás sobe
sou tão pequeno
queria poder largar os meus braços para sempre
quem ligou as luzes?
aqui entre o presente
e o futuro.

MISTER JONES

david berman quis inventar
um mecanismo
para expulsar os pais
da bondade
para alugar quartos
nas pontes naturais
para desenhar
montanhas roxas
entre os quadriláteros
domados por shoppings &
parques itinerantes

respirar um ar real e indolor
contra o choque da manhã que se move.

— *Sob esses fones,*
brincamos de guardas de museu
pela luz do último semáforo com
os desenhos de 1924
ilustrando a crise do petróleo.

voltem os nomes voltem as camarinhas voltem os desejos
voltem também as luminárias quebradas e os corpos vagos
a bruma e o breu e todas as suas coincidências voltem
os remédios no aparador voltem os jingoístas voltem
as distensões eternas voltem as obras do acaso voltem os
semideuses voltem as bonecas em bolsas queimadas
voltem os arbustos os desabamentos voltem as enchentes
cartas domos silos, de encenação voltem os desterros
voltem as línguas, pelos envelopes, voltem os dedos, pelos cabelos,
voltem ranhos e jugulares voltem moscas às narrativas
voltem máculas, apenas nos livros, e voltem os rogos pagãos,
voltem os cinemas domésticos, voltem os vultos aos vãos das paredes
voltem as respirações enfurecidas os golpes no escuro
                              [as distinções sem graça
as figuras luminosas no quintal, voltem os superaquecidos,
                              [os supermercados,
voltem o super-homem e o robin hood, mecânicos, voltem
                              [as comidas orgânicas
voltem os pequenos venenos em frascos voltem os vitelos
                              [voltem os sustos
em bebês confiantes voltem os votos inúteis uns aos outros
                              [voltem os bandos
perdidos voltem os amantes sem nada a dizer voltem as panasonics
                              [queimando voltem
os carnavais e os finais a qualquer nostalgia, voltem os caixões
                              [sem trincos.

HIROSHI YOSHIMURA

imagens do mar no paraíso
noturnas as sombras por mais que sombras
isso aqui se faz enquanto se faz
ou existe alguma conjuração maior
e que se fixa ao preciso
entre os objetos metálicos?

falar das coisas em si
o tempo em paralelo
a mão rolando sobre a sua
esta insistência, este júbilo
o pesadelo da linha
a conversa com quem se foi

tento manar essas esculturas de aço, com a minha voz,
tento me caber às carcaças, sem a minha voz.

ó, tuas asas,
ó, aqui, teus cabelos já frágeis,
e se enfrentarmos o tempo e sairmos do outro lado
deslizando contra a corrente? sem encantações,
pelas névoas. imóveis em nossos toques.

espalhe os seus arquivos sobre a mesa
o amor não tem mira — somos insuportáveis:
pintamos o dia de preto e destilamos tudo que vimos
nos poemas sem saber sequer a curva do vento.

olhe essa marca de edição. ou esse registro
de conservação e restauração, por ruas retorcidas
a influência, a pequena esfera de conhecimento,
os círculos dessa calamidade acima das nossas cabeças.

cada folha cada pequena escultura antiga
a rusga do crepom no acetato
está por aqui, em algum rascunho,
entre a vigésima versão
e o primeiro dia.

MADEIRA MORTA

o bruce lee
quebra uma estaca de madeira
com a ponta do pé —

o sinal da televisão traça um mapa
pelo meu corpo, contíguo à sala,
e ao seu corpo
no quarto ao lado —

perder também é uma questão de acirramento
o grave do meu peito
     conta a nossa história
espalha os nossos restos
     neste jardim de escalas

(mínima, a matéria
sabe ao seu desencontro).

ATO DE DESAPARIÇÃO

ondes martenot
testes para automóveis
cliques em caixa baixa
a ponta da baqueta
frente à lata
chiados bíblicos
na recusa do seu nome
ponha-se numa rua
não há mais rua
cada folha
desparece sob o sol
fantasmas são
qualquer quadrado paulista
meus ícones são
residentes
e o pátio inteiro
é um abrigo para a guerra
(ponha-se à guerra:
não há mais guerra).

formas livres tempo livre
um nome em italiano no tempo livre
para designar o arrastar dos arcos contra as cordas
caçando ursos na mais baixa visão
ou um carro na fronteira do enclave
a folha do decalque se contorcendo
pela mão — a mão, ela, um arquivo
de poeira e mais poeira, de navios concórdia
e de homens do futuro.

(observo, de longe
           a mira oscilante
    o navio tombando no bucho do mar
          algo arrítmico
ou talvez somente a sua
                silhueta).

DANÇA, DANÇA

este é um ensaio sobre a morte
impulsos quaisquer, bandeiras pelos alambrados.

este é um ensaio sobre aquilo — isso, aquilo:
os urubus entre as plantas, e os meus modos ruins.

este é um ensaio sobre um terno perfeito
a polidez das vozes, o gasto.

este é um ensaio sobre o absoluto
sua voz rarefeita, espessa.

este é um ensaio sobre o silêncio
o oblíquo, a antevisão.

este é um ensaio sobre as ficções possíveis
danças na sala de jantar, mil violas.

este é um ensaio sobre o oco
antes do resto do mundo — e nós dois, ainda.

ABRA UM BURACO NO CHÃO

você que segura o estandarte do copacabana mon amour
no alto da noite como se vento algum pudesse nos levar
ao junco dos dias. esta pedra que arrasta os teus calcanhares
até o âmbar nos demover da cautela de algum mr. sganzerla
rondando em suas listas muitos anos antes da chuva carnívora
que os meus amigos escreveram nas terras das legiões.
muitos anos antes de qualquer escavação híbrida com
as pontas das suas vidas nas emancipações dos estados
àquela ruma boa e hostil de mil cabeças brancas ou
santas postas com a testa abaixo entre a consolação
e os emissários submarinos abandonados onde todos os
meninos muitos anos antes ainda nadavam, vivos, e nadavam e nadam
e como nadam, vivos, vivíssimos.

UM PEQUENO HOMEM DE PRATA

um pequeno homem de prata dorme no meu tapete
os seus olhos são duas estepes ocupadas. boca, não há.
ele me chama por um nome — o fundo é verde
ou falso.

ele se alimenta há duas semanas
dos lanches do meu menino. goiabinhas, para a escola.
ele me chama por outro nome — esse, não conheço,
mas lembro.

ele me constrói uma casa
dentro da casa. sem procissões. habita, ali, plácido.
ele hesita da minha presença — os protestos são
inúteis.

um pequeno homem de prata cresce ao meu redor
na dilação, sem direção ou aparição. perfeito.
ele cava o meu menino na estepe — deve ser impossível
respirar.

parado, ele não reluz mais ao sol
quando o chamo pelo chão desviado. somos bestas,
e não nos veremos nunca mais.

será que ainda seremos úteis
quando nos descartarem
como o caco de vidro
no qual se retorce o passado
será que ainda seremos úteis
quando nem sequer
pudermos ver

MARCHA AO REVERSO

não existe aproveitamento absoluto
um futuro hostil ainda é um futuro hostil
estas formas tristes sempre encontram os seus destinatários
nas vidas submarinas, nas carcaças tomadas por espelhos.
a morte, por acaso, é uma volta — são duzentas as voltas que
nos devolvem aos trilhos, estilhaçados. e, à beira da morte,
sempre estivemos aqui.

III. ALGO DO SEU SELVAGEM

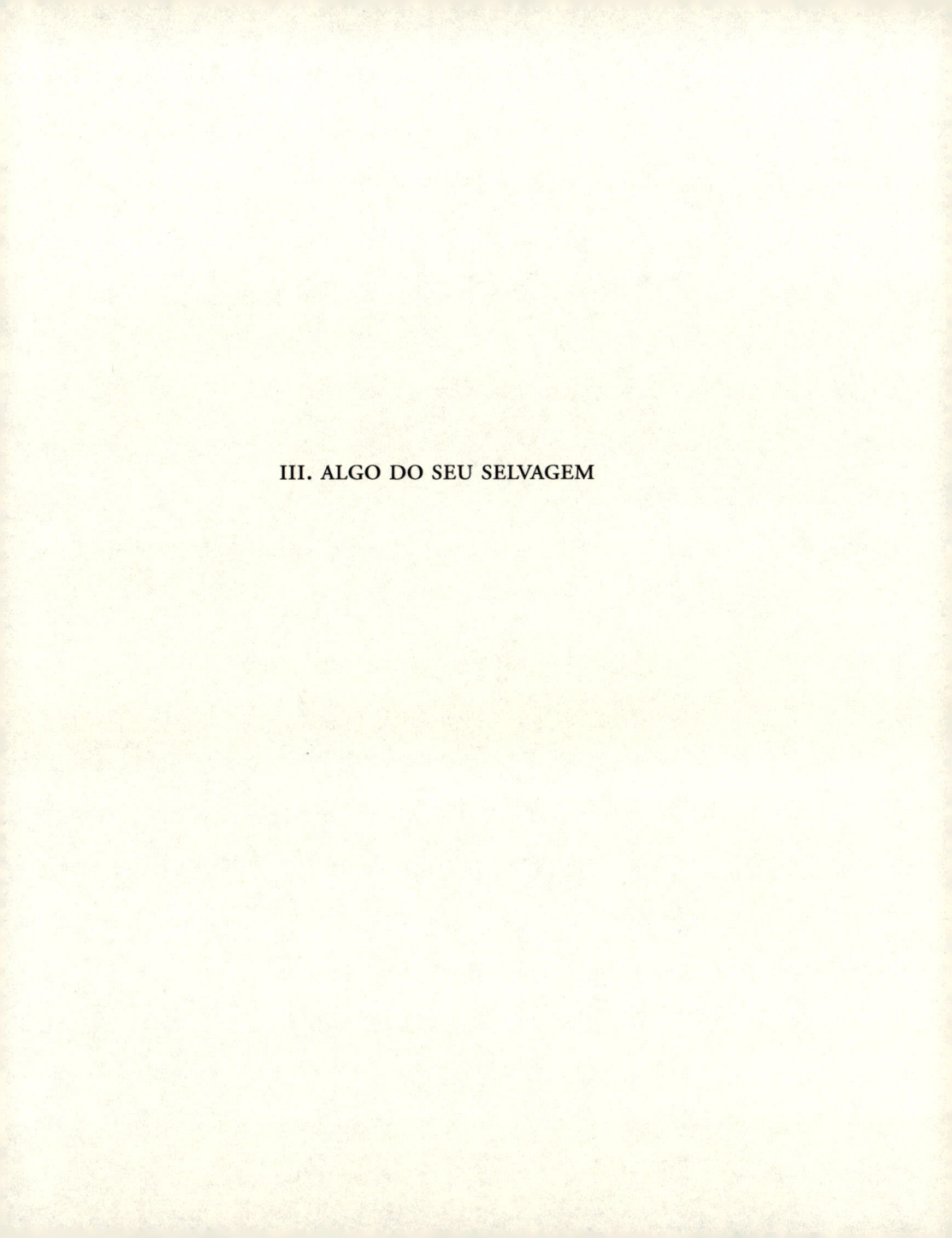

QUESTÃO FUNDIÁRIA

me chame até que esta terra estrangeira caiba
entre os teus braços vazios — (a única mentira possível
é a do teu nome) — me chame aos acres e acres desvelados,
às árvores de casca branca e pura (com o sal se dando à mão no lugar
do trigo), e me guie até as vacas imóveis
nos cartazes das reformas de base. ah, e se essa desmesura, então,
grão a grão, nos tornar ao fracasso? — e se eu beijar, sem medo, o pálido
do teu rosto, uma película que esmaece o mundo,
se não há mais amor, aqui, se não há mais palavra, aqui,
se não há mais lenda neste latifúndio, e se a cobra é
Deus, e Pecado e, de novo, o Mundo
até que ele se acusa sem fronteiras ou povos, sobre nós,
para se reaver com as tuas missivas — esta afronta à natureza,
esta voz além das gravuras. Um meio-dia perpétuo
contra o chão duro do horizonte.

abrimos um buraco ao redor do céu
contrabandeamos as nossas vidas
em duas faces.

quando nos encontrarmos, do outro lado,
sentaremos sobre um mesmo monturo
de mesma e única cor.

ROSTO SEM ROSTO

é solitário
no centro do problema

mas estarei aqui pela manhã
esperando para morrer

até lá
a pergunta nebulosa
segue disponível

como se a um espaço, de repente,
eu soubesse do estrondo

e ao redor da paisagem
a suspensão não me deixasse
    esmaecer

— *você viu,*
você viu a água?

era isso que você queria dizer,
                        água?

APOSTA

posso deslocar o seu tempo?
blindar o meu corpo na grama
como quem fere a espessura do ar.

existe uma cadência, aqui.
existe uma harmonia, aqui.
e estas frases curtas,
onde cabem?

agora o verde não é mais verde
e demovo os meus filhos de qualquer futuro.
podemos, de novo, chorar.

A SEGUNDA PARTE DO DIA

hoje estou com preguiça do sono
hoje estou só a casca
as pernas esticadas são os meus domínios
entre as plantas acesas de um úmido cristalino
e as folhas brancas de peças nunca encenadas
cada uma das suas vergonhas desce ao céu dos costumes
o tênis encardido, o banheiro, a piada,
menores os amores, os encontros
tácteis entre os contrastes na cenografia
uma jaula nos olhos
outra, acima, nos impele ainda mais e mais
ao automático dos domingos
cascos de sobressaltos antigos
dos dias costurados nos rabos dos
dias para se comemorar o final de uma nação.

TROMPETES NA ABERTURA DOS JOGOS OLÍMPICOS DE SYDNEY

o século começou quando a bola cruzou
a linha do tiro de meta
e inventaram um novo pesticida
sem as pesquisas da embrapa
e cavaram numa noite
o périplo das nossas vidas.

— quando amei você nesse canto
onde imagem alguma se inscreve
andei até o rio para esquecer
o outro lado do desejo,
quando todos dormiam
enterrei o teu livrinho preto
onde marcamos um x.

MITO DE ORIGEM

madalena fazia xixi nos pijamas ao som das lanternas clicando
igreja nenhuma fora construída no escuro — o arquiteto
de tudo comia de tudo montava de tudo plantava de tudo
assistia a essa magnólia crescer, e ela não lhe trouxe
sequer um ano.

o tempo coletivo é uma crise.
não há crise sem culpa.
agora vocês me pedem que eu seja claro,
como se a clareza não fosse um ressentimento.
o homem mais lúcido, à fronteira,
sob mísseis e *drones* e *snipers*, ou a mulher no parto
com o seu filho nos braços — há, neles,
tantos nomes para a neve.

DERAM TEU NOME POR UMA MONTANHA (II)

o paraíso permitiu sermos uns aos outros.
limpa, a tua voz inundou o paraíso.

em cobras, abelhas, cascatas,
odes em cítaras e ovelhas falsas
nos campos roxos —

uma fenda na garganta é apenas uma rasura pelo
indizível: ao lado da costela
como a ficção está ao lado
do corpo.

CANÇÃO DE NINAR

ilustre um tremor
o corpo dura mais do que deveria
e podemos ficar calados
uns nos ombros do outro.

volte, meu filho, a imaginação é muito curta.
você ainda tem tanto para decepcionar, não-fazer. iludir.
tantas costuras nos teus ateliês, tantos alces nas costas
para desenhar com o teu traço grave, tantas canções úteis
e, portanto, horríveis — tantos cafés em que a gema
se despedaça da clara. a cidade é igual, sem a sua presença.
mas não podemos negar que se mudem as densidades das marés,
a poluição mucosa do ar, os ganidos do nosso carro
na penúltima prestação. os protestos sem os teus amigos gagos,
feios e tristes — ou até os campos largos de lixo.

é pouco para amar, nessa transmissão?
estou te mandando uma passagem
nos pontos do cartão do teu primo.

ALGO DO SEU SELVAGEM

quero te fazer perguntas sem respostas
pequenas criaturinhas sem expressão
baterias de lítio, bombas, cócegas
as transmissões de um adeus
rasgando o ventre da noite
como se pudéssemos pegar algo
mais fino que o ar

MOSHI MOSHI

olhe só,
esses são os seus olhos. esses são os seus pés.
agora os seus braços se movem, também,
iguais aos meus. essa é a sua boca
se abrindo num arco — e o teu nariz
voltando-se aos corredores, aos círculos de luz, ao
centro minúsculo do mundo. esse aqui é o seu coração,
mágoa demovida de qualquer
medo. e esta é a sua voz,
de novo.

CARA LEITORA, CARO LEITOR

A **Cachalote** é o selo de literatura brasileira do grupo **Aboio**.

Lemos, selecionamos e editamos com muito cuidado e carinho cada um dos livros do nosso catálogo, buscando respeitar e favorecer o trabalho dos autores, de um lado, e entregar a vocês, leitores, uma experiência literária instigante.

Nada disso, portanto, faria sentido sem a confiança que os leitores depositam no nosso trabalho. E é por isso que convidamos vocês a fazerem cada vez mais parte do nosso oceano!

Todas as apoiadoras e apoiadores das pré-vendas da **Cachalote**:

> — **têm o nome impresso nos agradecimentos dos livros;**
> — **recebem 10% de desconto para a próxima compra de qualquer título do grupo Aboio.**

Conheçam nossos livros e autores pelo site **aboio.com.br** e siga nossos perfis nas redes sociais. Teremos prazer em dividir com vocês todos nossos projetos e novidades e, é claro, ouvir suas impressões para sempre aprendermos como melhorar!

Embarque e nade com a gente.

Cada livro é um mergulho que precisa emergir.

APOIADORAS E APOIADORES

Agradecemos às 189 pessoas que confiaram e confiam no trabalho feito pela equipe da **Cachalote**.

Sem vocês, este livro não seria o mesmo.

A todos os que escolheram mergulhar com a gente em busca de vozes diversas da literatura brasileira contemporânea, nosso abraço. E um convite: continuem acompanhando a **Cachalote** e conheçam nosso catálogo!

Adelaide França
Adriane Figueira Batista
Alexander Hochiminh
Allan Gomes de Lorena
Allan João Cavalcante Lima
Amanda Mafra de Escobar
Amanda Taís da Silva
Ana Maiolini
Ana Maria Vasconcelos
Ana Paula de Melo Gomes
Ana Thereza Sanches
    Fernandes Távora
André Balbo
André Pimenta Mota
André Santa Rosa
Andreas Chamorro
Anna Luisa Carvalho Paes
    Barreto dos Anjos
Anna Martino
Anthony Almeida
Antonio Luiz de Arruda Junior
Antonio Pokrywiecki
Ari Denisson da Silva
Arthur Lungov
Augusto Jatobá
Bianca Monteiro Garcia
Brenda Valéria da Silva Martins
Bruno Coelho
Bruno Sarmento
Caco Ishak
Caio Balaio
Caio Girão

Calebe Guerra
Camilo Gomide
Carla de Melo Costa Toledo
Carla Guerson
Carlos Volney de Souza Sampaio
Cássio de Araújo Silva Filho
Cássio Goné
Cecília Garcia
Cintia Brasileiro
Claudine Delgado
Cleber da Silva Luz
Cristina Machado
Daniel A. Dourado
Daniel Dago
Daniel Dourado
Daniel Giotti
Daniel Guinezi
Daniel Leite
Daniel Longhi
Daniel Monteiro Constant
Daniela Rosolen
Danilo Brandao
Denise Lucena Cavalcante
Dheyne de Souza
Dierli Santos
Diogo Mizael
Dora Lutz
Dulce Stella Tenório
    Prado Coelho

Eduardo Jorge Borges T. de Lima
Eduardo Rosal
Eduardo Valmobida
Elisabeth Carvalho Nascimento
Enzo Vignone
Fabiana Maria Marques de
    Albuquerque Borges
Fábio Franco
Farmácia Vieira Barbosa Ltda.
Febraro de Oliveira
Flávia Braz
Flávio Ilha
Francesca Cricelli
Frederico da C. V. de Souza
Gabo dos livros
Gabriel Cruz Lima
Gabriel Stroka Ceballos
Gabriela Holanda
    de Aquino Carvalho
Gabriela Machado Scafuri
Gael Rodrigues
Giselle Bohn
Guilherme Belopede
Guilherme Boldrin
Guilherme da Silva Braga
Gustavo Bechtold
Henrique Emanuel
Henrique Lederman Barreto
Igor Cavalcante

Ivana de Lima Fontes
Ivana Fontes
Jadson Rocha
Jailton Moreira
Jefferson Dias
Jessica Ziegler de Andrade
Jheferson Neves
João Luís Nogueira
Jorge Lima Lopes Lôbo
José Mário da Silva Filho
Júlia Gamarano
Júlia Vita
Juliana Costa Cunha
Juliana Slatiner
Júlio César Bernardes Santos
Karen Daniele de
    Araújo Pimentel
Klecio José dos Santos
Laís Araruna de Aquino
Lara Haje
Larcio Vitório da Silva
Laura Redfern Navarro
Lee Flôres Pires
Leitor Albino
Leonardo Pinto Silva
Leonardo Zeine
Lícia Maria Assunção Martins
Lili Buarque
Lolita Beretta

Lorenzo Cavalcante
Lucas Ferreira
Lucas Lazzaretti
Lucas Verzola
Lúcia Brito de Moraes
Luciano Cavalcante Filho
Luciano Dutra
Luis Felipe Abreu
Luís Henrique Barbosa Borges
Luísa Machado
Luiza Leite Ferreira
Maíra Thomé Marques
Manoela Machado Scafuri
Marcela Roldão
Marcelo Conde
Marcio Antônio de Araújo Santos
Marco Bardelli
Marcos Vinícius Almeida
Marcos Vitor Prado de Góes
Maria das Graças Scardua Basilio
Maria de Lourdes
Maria de Lurdes Carvalho
    Nascimento Ferro
Maria Fernanda
    Vasconcelos de Almeida
Maria Inez Porto Queiroz
Maria Luíza Chacon
Mariana Donner
Mariana Figueiredo Pereira

Marina Avila
Marina Lourenço
Mateus Magalhães
Mateus Poitevin Cardoso
Mateus Torres Penedo Naves
Matheus Picanço Nunes
Mauro Paz
Mikael Rizzon
Milena Costa
Milena Martins Moura
Natalia Timerman
Natália Zuccala
Natan Schäfer
Nathalia Leal
Odylia Almacave
Otto Leopoldo Winck
Patrícia Rober Christensen
Paula Luersen
Paula Maria
Paulo Scott
Pedro Torreão
Pietro A. G. Portugal
Rafael Atuati
Rafael Mussolini Silvestre
Rafael Potter
Raul Costa Cavalcanti Manso
Ricardo Alexandre
    de Araújo Porfírio
Ricardo Kaate Lima

Roberta Reis
Rodrigo Barreto de Menezes
Samara Belchior da Silva
Saulo Pereira de Oliveira
Sergio Mello
Sérgio Porto
Suzana da Silva Nunes
Tania Mara Negreiros Holtz
Thais Fernanda de Lorena
Thaís Ferreira
Thassio Gonçalves Ferreira
Thayná Facó
Tiago Moralles
Valdir Marte
Viviane Mota de Lacerda
Vivianny Galvão
Walberto Santana Passos Júnior
Weslley Silva Ferreira
Wibsson Ribeiro
Wibsson Ribeiro Lopes
Yvonne Miller

PUBLISHER Leopoldo Cavalcante
EDITOR-CHEFE André Balbo
REVISÃO Veneranda Fresconi
DIREÇÃO DE ARTE E CAPA Luísa Machado
FOTO DA CAPA Jeremy Bishop
COMUNICAÇÃO Thayná Facó
COMERCIAL Marcela Roldão
PROJETO GRÁFICO Leopoldo Cavalcante
ASSISTÊNCIA EDITORIAL Nelson Nepomuceno

© da edição Cachalote, 2024
© do texto Mateus Borges, 2024

Todos os direitos reservados. Nenhuma parte desta obra pode ser reproduzida, arquivada ou transmitida de nenhuma forma ou por nenhum meio sem a permissão expressa e por escrito da Aboio.

Grafia atualizada segundo o Acordo Ortográfico da Língua Portuguesa de 1990, que entrou em vigor no Brasil em 2009.

Dados Internacionais de Catalogação na Publicação (CIP)
Aline Graziele Benitez — Bibliotecária — CRB-1/3129

Borges, Mateus
    Essa não é sua mão / Mateus Borges.
-- 1. ed. -- São Paulo : Cachalote, 2024.

    ISBN 978-65-83003-38-6

    1. Poesia brasileira I. Título.

24-242172   CDD-B869.1

Índices para catálogo sistemático:
1. Poesia : Literatura brasileira

[2024]

Todos os direitos desta edição reservados à:
ABOIO EDITORA LTDA
São Paulo — SP
(11) 91580-3133
www.aboio.com.br
instagram.com/aboioeditora/
facebook.com/aboioeditora/

[Primeira edição, dezembro de 2024]

Esta obra foi composta em Adobe Garamond Pro.
O miolo está no papel Pólen® Bold 70g/m².
A tiragem desta edição foi de 300 exemplares.
Impressão pelas Gráficas Loyola (SP/SP)

A marca FSC® é a garantia de que a madeira utilizada na fabricação do papel deste livro provém de florestas que foram gerenciadas de maneira ambientalmente correta, socialmente justa e economicamente viável, além de outras fontes de origem controlada.